Come educare il minore: incertezze, paure, libertà

Pedofilia, bullismo e comportamenti a rischio in età evolutiva

Donata Salomoni

Indice

Introduzione

"In prossimità di un bosco, vivevano tre porcellini. Per mettersi al sicuro da un certo lupo che abitava nei paraggi, decisero di costruirsi una bella casetta. Si avviarono sulla collina e dopo un po' il più piccolo dei tre, esclamò: "Fratellini miei facciamoci una casetta con le canne. Qui ce ne sono tante!

'No, rispose il più grande, una casa di canne non è sicura!'

'È sicura! E poi non voglio lavorare tanto!'. Così il piccolo si fermò e in un momento costruì una bella capannuccia di canne.

Poco più avanti, il secondo porcellino decise di fermarsi e di costruire una casetta di legno. Solo il maggiore proseguì il cammino fino a raggiungere la cima della collina. Qui cominciò a costruire una solida casa di mattoni.

Lui lavorava, e i fratelli giocavano spensieratamente nella vallata. Ma un giorno, ecco arrivare il lupo cattivo, vide la capanna di canne e chiese al porcellino di uscire; questi si rifiutò. Il lupo con un soffio buttò giù la casetta, il porcellino fece appena in tempo a correre verso la casa di legno del fratello.

Ma il lupo arrivò anche lì e intimò ai due fratellini di aprire la porta, i porcellini non aprirono; il lupo raccolse tutto il fiato che aveva e soffiò più forte che mai: in un attimo la porta cedette e ai due malcapitati non restò che correre dal fratello maggiore.

Il lupo arrivò anche lì, e soffiò, soffiò ... ma la casa rimase ben salda. Il lupo innervosito, capì che questa volta non sarebbe bastato soffiare sulla casa per aprirsi un varco, provò ad entrare dalle finestre, ma queste erano chiuse ermeticamente.

Allora il lupo pensò di penetrare nella casa passando dal camino. Ma il saggio porcellino maggiore, come lo vide avvicinarsi con la scala, comprese le sue intenzioni e ordinò ai fratelli di accendere un gran fuoco. Così quando il lupo s'intrufolò nel camino, cadde proprio sulle fiamme. Urlando per il dolore, il lupo cattivo scappò dalla finestra e da quel giorno non si fece vedere mai più".

Ogni volta che mi occupo di sicurezza in età evolutiva mi viene in mente la favola dei tre porcellini scritta dai fratelli Grimm.

Il lupo rappresenta un pericolo e nel mondo ci sono molti pericoli e questo è un fatto.

I tre porcellini vivono la loro vita serenamente: cantano, ballano, scherzano e davanti al pericolo di essere catturati e mangiati dal lupo hanno paura ma grazie alla saggezza del fratello maggiore, dopo aver sperimentato il pericolo, si organizzano.

Nel momento del pericolo diventano consapevoli della lungimiranza e del sacrificio compiuto dal fratello maggiore che ha costruito la sua casa in mattoni e il lupo non riuscendo a distruggerla viene sconfitto.

Questa metafora ci insegna tre cose fondamentali sulla vita:

1. I pericoli esistono

2. È necessario essere consapevoli dei rischi che si corrono

3. Gestire tale consapevolezza efficacemente è una nostra responsabilità

Ciò che conta è non lasciarsi vincere dalla paura e vivere la propria esistenza consapevoli dei pericoli ma liberi dall'apprensione.

Educare il minore tra incertezze, paure e libertà

Quando si parla ad un bambino e ad un adolescente di pericolo e sicurezza è fondamentale fargli comprendere che esistono dei pericoli senza spaventarlo e indurlo a comportamenti ansiogeni ed esageratamente difensivi.

Vediamo di analizzare brevemente il significato di alcuni termini che servono, come stella polare di riferimento, nello svolgere questo delicato compito informativo ed educativo.

Nel Dizionario delle scienze psicologiche di Luciano Mecacci (edito Zanichelli) possiamo trovare le seguenti definizioni, necessarie per l'educazione e la formazione di ogni essere vivente.

Paura: "Emozione primaria in risposta a un oggetto, una situazione o una persona che sono fonte di pericolo e sono realmente presenti".
Sicurezza: "Condizione per cui una persona si sente libera da preoccupazioni e incertezze rispetto alla propria vita presente e futura".
Autonomia: "Capacità di un individuo di regolare da sé il proprio comportamento, di prendere decisioni e agire".

Libertà: "La condizione di un essere umano di poter agire in modo autonomo, privo di vincoli sociali, politici e religiosi, seppure entro i limiti stabiliti dalla legge".

Quando si parla di infanzia e adolescenza uno dei documenti fondamentali a cui fare riferimento è sicuramente **La Convenzione ONU del 1989 sui diritti dell'infanzia e dell'adolescenza** composta da 54 articoli e suddivisa in 3 sezioni:

1. La prima sezione (art. 1-41) contiene l'enunciazione dei diritti fondamentali dell'infanzia e dell'adolescenza.

2. La seconda sezione (art. 42-45) individua gli organismi preposti alla salvaguardia di tali diritti e le modalità per effettuare la messa in pratica della Convenzione.

3. La terza sezione (art. 46-54) descrive la procedura di ratifica.

Il Comitato ONU ha individuato quattro principi generali per fornire un orientamento ai Governi per l'attuazione di questa Convenzione in difesa dei diritti dei minori:

- Non discriminazione (art. 2). Tutti i diritti sanciti dalla Convenzione si applicano a tutti i minori senza alcuna distinzione.

- Superiore interesse del minore (art. 3). In tutte le decisioni l'interesse del minore deve essere prioritario.

- Diritto alla vita, alla sopravvivenza e allo sviluppo (art. 6). Non ci si deve limitare alla salvaguardia del diritto alla vita ma garantire la sopravvivenza e lo sviluppo.

- Partecipazione e rispetto per l'opinione del minore (art. 12). Per determinare l'interesse del minore è suo diritto essere ascoltato e la sua opinione deve essere presa in considerazione.

Da ciò si deduce che il compito di una buona educazione è garantire al minore: autonomia, consapevolezza, sicurezza.

Fasi dell'età evolutiva: infanzia, preadolescenza, adolescenza

Tutti coloro che si occupano di curare, educare e formare i minori, hanno il compito di difenderli dai pericoli, rendendoli consapevoli della loro esistenza, senza spaventarli.

Genitori, educatori, insegnanti, hanno il dovere di non intrappolare i minori nella paura, rendendoli dipendenti da sé e incapaci di esercitare il passaggio cognitivo ed emotivo dalla dipendenza (eteroeducazione) all'autonomia (autoeducazione).

Tale passaggio esistenziale si attualizza nell'adolescenza e permette al minore di strutturare il proprio sé grazie al graduale distacco dalla famiglia d'origine.

Attraverso la socializzazione e il legame che si crea con il gruppo dei coetanei, l'adolescente sceglie il proprio percorso esistenziale.

Conclusasi l'adolescenza il giovane adulto può realizzare se stesso come individuo libero e autonomo attraverso il proprio sviluppo cognitivo, emotivo, sociale e relazionale, passando dall'eteroeducazione all'autoeducazione.

Solo così l'adolescente esce dall'adolescenza diventando un giovane adulto autonomo, sicuro di sé, libero da condizionamenti e consapevole di chi è e di come realizzarsi nella vita.

Se questo processo evolutivo non giunge a compimento, il giovane adulto rimarrà un eterno adolescente alla ricerca di se stesso.

Pedofilia: capirla per riconoscerla

"Lasciami dormire ancora un po' fuori è ancora buio ... Oh Sì ... Stringo il cuscino come la mano di una madre non mandarmi a scuola scappiamo sulla luna" Caneda 16K – Lasciami dormire

La paura più grande di ogni genitore è che il proprio figlio incappi in un pedofilo.

Alla voce pedofilia nell'Enciclopedia Treccani online troviamo la seguente definizione: "Devianza sessuale che si manifesta con azioni, ricorrenti impulsi e fantasie erotiche che implicano attività sessuali con bambini prepuberi".

La pedofilia è una parafilia e i soggetti che ne sono affetti, raramente usano la violenza e la coercizione per mettere in atto i propri impulsi, a meno che si sentano minacciati e per questo motivo sono difficili da identificare per chi non è preparato a riconoscerli.

In un elevato numero di casi, il pedofilo è stato, a sua volta, oggetto di una o più aggressioni sessuali nell'infanzia e/o nell'adolescenza. Questa non vuole essere una scusa o una giustificazione ma è un'ulteriore elemento da comprendere e valutare quando ci si trova in presenza di un pedofilo.

La valutazione di questo dato anamnestico è necessaria per comprendere le motivazioni che spingono il pedofilo all'azione e per prevenire eventuali aggressioni:

- L'età dell'evento traumatico gioca un ruolo fondamentale. Al pari della possibilità o meno di parlarne.

- Le modalità dell'aggressione subita sono decisive per comprenderne il modus operandi.

- A seconda di chi è stato l'abusante: una persona che apparteneva alla famiglia (il più delle volte) o a essa estranea.

- La reazione che ha accompagnato e seguito gli episodi di violenza.

La violenza subita nell'infanzia impedisce alla vittima l'accesso naturale alla sua sessualità infantile che appare svuotata di contenuti affettivi.
L'effetto traumatico deriva dalla partecipazione diretta del bambino alla sessualità degli adulti.

In particolare, il bambino violato dal padre non può identificarsi con lui interiorizzandolo così da poter costruire quell'oggetto interno che gli permetterà in futuro, giunto alla maturità sessuale, di sentirsi a sua volta maschio, uomo e padre.

La situazione è aggravata da eventuali comportamenti passivi della madre.

Inoltre nel **Dizionario di medicina Treccani** troviamo un'ulteriore definizione: "La pedofilia è una parafilia caratterizzata da attrazione erotica verso i fanciulli, indipendentemente dal loro sesso".

Non dimentichiamoci mai che raramente il pedofilo si mostra aggressivo nei primi approcci con il minore a meno che si senta minacciato nella propria sicurezza personale.

Generalmente si mostra una persona mite, facile da comprendere dal bambino e gli offre oggetti attrattivi per guadagnarne la fiducia.

Le frasi più comuni che vengono usate per creare complicità e ottenere il silenzio della vittima possono essere così riassunte:

- "Non dirlo a nessuno. Sarà il nostro segreto"

- "Nessuno ti crederebbe"

- "Se lo dici, i tuoi genitori non ti vorranno più bene. Diranno che è stata colpa tua"

- "Non vuoi più essere la mia amichetta/amichetto speciale?"

- "Non vuoi che io vada in prigione, vero? Lo sai che ti voglio un mondo di bene!"

- "Se lo dici faranno del male ai tuoi genitori"

Tre sono le leve emotive su cui il pedofilo poggia le proprie argomentazioni per fare in modo che le sue vittime restino in silenzio:

- La vergogna
- La segretezza
- La paura

Purtroppo il mondo degli adulti non è spesso in grado di leggere i segni della presenza di un pedofilo all'interno della propria comunità, anche perché di fatto la pedofilia non è facilmente riconoscibile.

Spesso quindi l'ignoranza, la disinformazione e il silenzio degli adulti, proteggono i pedofili, mentre basterebbe un piccolo sforzo per vincere il proprio pudore ed insegnare ai propri bambini come difendersi, riconoscendo il pericolo delle lusinghe messe in atto da chi è affetto da pedofilia.

Come mettere in guardia i minori dai pericoli senza spaventarli

Parlate con i vostri figli. Nei luoghi educativi e ricreativi i minori vanno osservati, ascoltati e compresi con atteggiamento aperto e non giudicante.

Abituatevi sin dalla più tenera età a parlare con loro, ad ascoltare quello che vi dicono.

Informate i vostri figli su tutto quello che gli accade intorno. Dalla comprensione della realtà nasce la miglior difesa.

Trovate le parole giuste e se non sapete come fare fatevi aiutare dal pediatra o da un educatore. Siate chiari e semplici nel parlare con il minore e lui vi capirà.

Ditegli che esistono persone positive di cui fidarsi ma parimenti esistono persone negative di cui diffidare.

Lo ribadisco, le parole sono importanti, siate chiari e diretti parlando con loro. Se sarete sinceri lo ricorderanno e impareranno ad esserlo a loro volta.

Per la maggior parte dei bambini, o meglio per i loro genitori, la sessualità è un argomento tabù di cui si evita di parlare.

Non permettete che i vostri figli vivano nell'ignoranza diventando delle 'vittime predestinate' a causa delle vostre paure e vergogne.

L'educazione sessuale è fondamentale se vogliamo che il minore si sappia orientare e difendere da eventuali predatori sessuali. In famiglia, a scuola, nei luoghi deputati all'educazione e formazione, è indispensabile educare alla sessualità nel rispetto dell'età dei minori, così che i bambini possano riconoscere ed evitare eventuali molestie sin dalla tenera età.

Quando parlate loro del corpo spiegate che vi sono parti private, intime a cui nessuno ha accesso.

Le altre persone non hanno il permesso di toccarle, nemmeno mamma e papà e nemmeno un dottore, a meno che mamma o papà non siano presenti o non gli abbiano dato il consenso di farlo.

Davanti all'approccio di un pedofilo il bambino deve immediatamente gridare, scappare via e rivolgersi con fiducia ad un adulto.

Diversamente molti bambini che hanno subìto abusi sessuali, in seguito spiegano che non volevano sembrare maleducati nei confronti dell'adulto estraneo che li stava avvicinando.

Il bambino deve respingere ogni manifestazione d'affetto che percepisca come inappropriata o che lo fa sentire a disagio.

I pedofili tentano di stringere con la vittima un patto segreto, per creare un legame all'apparenza innocente.

I bambini devono sapere che non è consentito ad un adulto chiedere loro di non rivelare un segreto ai propri genitori.

Inoltre il bambino deve saper comprendere le minacce che gli vengono rivolte, in particolare quelle velate e ambigue, a carico dei propri familiari o degli animali domestici della famiglia: "Se parli del nostro segreto potrebbe capitare qualcosa di brutto al tuo cagnolino …".

Lo ribadisco, è raro che un pedofilo usi la forza per approcciare e molestare la propria vittima, a meno che il bambino opponga una chiara resistenza difendendosi. Ma è possibile evitare di cadere nella trappola di un pedofilo, insegnando al minore come difendersi.

In genere come abbiamo ampiamente argomentato, un pedofilo preferisce stringere amicizia con le proprie vittime.

Ecco perché è necessario che i genitori veglino sui propri figli, sapendo chi frequentano e conoscendo i luoghi dove sono abituati ad andare.

Molti molestatori avvicinano la vittima prescelta in un luogo pubblico, familiare sia al bambino che alla sua famiglia, iniziando una conversazione per stuzzicare la curiosità del bimbo.

Tra gli approcci più comuni:

- Vuoi venire a vedere i miei cuccioli?

- Ti va di giocare con me?

- Ho una cosa in macchina che ti piacerà … vuoi venire a vederla?

- Ti ho portato un regalo

Ovviamente non potete stare con i vostri figli in ogni momento della loro giornata è comunque necessario sapere sempre:

- Chi sono le persone che si prendono cura di loro

- Dove si trovano quando non sono con voi: scuola, associazioni sportive, oratorio ecc.

- Chi frequentano nel tempo libero

Accertatevi di conoscere personalmente qualsiasi adulto o adolescente che viene abitualmente in contatto dei vostri figli.

Preadolescenza: cambiare rende fragili

"Nelle unghie che mangio cerco il coraggio ma sai trovo solo il vento" Caneda 16K – Lasciami dormire

Raggiungendo la pubertà (11-14 anni) i ragazzi devono sapere quali trasformazioni subirà il loro corpo, la loro mente, la loro emotività e come cambierà la loro vita relazionale e sociale.

Tali cambiamenti, radicali e repentini, rendono il preadolescente goffo e confuso così da aggirarsi nel mondo dei coetanei in preda ad emozioni contrastanti, un misto di spavalderia e fragilità che può indurre azioni e reazioni quali il bullismo, l'autolesionismo, l'isolamento sociale.

In particolare il bullismo è caratterizzato da episodi continui di sopraffazione e persecuzione del soggetto etichettato come il più debole.

I comportamenti tipici del bullo sono:

- La spavalderia
- L'arroganza

- La sfrontatezza

- La propensione al comportamento violento

In particolare, ogni bullo crea attorno a sé un gruppo 'compiacente' per volontà e/o per paura che attualizza comportamenti aggressivi e di sopraffazione sui più deboli.

Le manifestazioni violente più agite sono di tipo:

- Fisico. Violenze fisiche quali: botte, umiliazioni, prevaricazioni.

- Psicologico. La vittima vive in uno stato costante di: paura, ansia, angoscia, stress, in attesa di subire degli scherzi, delle provocazioni e delle aggressioni che mirano a distruggerne la sicurezza e l'autostima.

- Virtuale, via internet. La rete è uno strumento tanto potente quanto pericoloso. La condivisione di post feroci, umilianti, degradanti, può distruggere la persona, spingendola all'autolesionismo sino al suicidio.

Adolescenza: comportamenti a rischio

"Non servirà fumare, non servirà bere, non servirà chiamare, volare, fuggire ...

Non servirà chiamare gli amici, le armi, tagliarmi, non è un sogno, è inutile svegliarmi." Caneda – Titoli di coda (dimenticare Milano)

I comportamenti che mettono a rischio lo sviluppo psico-fisico, emotivo, relazionale e sociale dell'adolescente sono tutti quei comportamenti che mirano direttamente o indirettamente ad adultizzarlo.

Per sua natura l'adolescente è un ribelle!

L'atteggiamento che guida ogni adolescente all'azione è la ribellione.
Essere un ribelle comporta come prima cosa rompere il legame tra sé e la propria famiglia d'origine.

La famiglia che durante gli anni dell'infanzia è stata il luogo sicuro e protetto in cui vivere, improvvisamente diventa un luogo stretto, asfissiante, oppressivo e limitante da cui allontanarsi, il più velocemente possibile, per diventare un giovane adulto libero e autonomo.

L'adolescenza, in occidente, rappresenta un momento della vita potenzialmente critico per l'individuo. In particolare, genitori, insegnanti ed educatori, sono spaventati da realtà come:

- Il bullismo

- Il cyberbullismo

- L' abuso di alcol e sostanze stupefacenti

- Le attività sessuali non protette

- I disturbi alimentali come anoressia, bulimia, obesità

- L'abbandono scolastico

- Le fughe da casa

- I tentativi di suicidio

- Gli atti di vandalismo

- I comportamenti violenti contro oggetti, animali, persone

La graduale emancipazione dai genitori e la ricerca di nuovi modelli di riferimento, sono eventi che generano in seno alla famiglia inquietudine emotiva e disorientamento poiché determinano la modificazione dei riferimenti cognitivi, affettivi e sociali, su cui il minore si è appoggiato sino ad ora.

Nell'adolescenza il ragazzo compie delle scelte fondamentali per la propria esistenza. Per la prima volta viene chiamato in prima persona a definire un proprio progetto di vita. Non a caso in questo momento deve scegliere la scuola superiore da frequentare.

La sofferenza che inevitabilmente nasce dal taglio, psichico ed emozionale, del cordone ombelicale con la propria famiglia d'origine, può assumere forme e direzioni diverse, a seconda delle caratteristiche della sua personalità e dall'ambiente socio-culturale di riferimento.

Lo sviluppo di un comportamento deviante o sintomatico, rappresenta il modo in cui l'adolescente manifesta il proprio disagio.

Tale disagio indica il dolore, il disorientamento e il bisogno di aiuto nel processo di crescita.

In parole più semplici è come se l'adolescente con il suo comportamento deviante ci urlasse in faccia che ha bisogno del nostro aiuto per imparare ad essere un adulto!

Il mondo degli adulti è chiamato a comprendere la voglia di sperimentare dell'adolescente: sperimentare il proprio corpo, la propria mente e le proprie emozioni.

Quando l'adolescente viene adultizzato troppo presto si crea un vuoto: cognitivo, emotivo e sociale, accompagnato da un profondo senso di abbandono e isolamento.

In tale clima di insicurezza l'adolescente può sviluppare comportamenti che mirano a calmare la propria ansia e frustrazione, riguardo il mondo degli adulti che di fatto lo trascinano in un vortice cognitivo, emotivo, sociale e culturale, pericoloso per il proprio sviluppo.

In tale clima si possono manifestare comportamenti alienanti come per esempio:

- L'abuso di alcol, droghe, farmaci

- Dipendenze da internet

- Agiti lesivi e autolesivi che mettono a rischio la propria vita e la vita altrui.

- Disturbi alimentari dove il digiuno o di converso il mangiare compulsivo, per l'adolescente rappresenta un tentativo estremo di controllo sul proprio corpo e sul mondo circostante. Tale controllo si manifesta nell'anoressia, attraverso il rifiuto di nutrirsi e nella bulimia, nell'abbuffarsi sino a stare male. Il tentativo estremo di controllare il cibo, palesa chiaramente un rifiuto di sé, dei modelli di riferimento proposti dalla famiglia e dalla società dei consumi, un grido di aiuto per essere accettati così come si è!

E ancora, i comportamenti socialmente devianti come:

- Il vandalismo contro cose, animali, persone

- Gli atti delinquenziali

- Le condotte autolesioniste

Tali comportamenti manifestano un bisogno di trasgressione e superamento dei limiti e delle regole imposte dal mondo adulto.

È importante comprendere che gli adolescenti sono tendenzialmente consapevoli dei rischi che corrono mettendo in atto una condotta pericolosa per sé e/o per gli altri ma, tale consapevolezza, non costituisce un deterrente sufficiente all'azione.

La sola conoscenza degli effetti negativi di un comportamento non è sufficiente per indurre l'adolescente a comportarsi diversamente poiché il bisogno e la curiosità di sperimentare e trasgredire sono più forti.

Inoltre, i comportamenti a rischio in un contesto di gruppo, rappresentano nell'adolescenza la manifestazione di sé e parimenti il riconoscimento del gruppo, accrescendo la reputazione e la popolarità di chi li compie all'interno del gruppo stesso.

Gli interventi educativi e formativi: familiari, scolastici, sociali, richiedono un'azione diretta alla prevenzione di tali comportamenti a rischio.

Nello specifico è utile dimostrare all'adolescente i danni reali che tali comportamenti causano e comportano.

Occorre lavorare sulla consapevolezza e la comprensione delle conseguenze di tali comportamenti rischiosi, affinché il ragazzo raggiunga gli stessi obiettivi di sviluppo senza mettere in pericolo la propria salute e il proprio benessere psico-fisico.

È utile il tal senso ricorrere a nuove strategie educative e culturali che permettano all'adolescente di apprendere comportamenti consapevoli atti alla propria crescita personale e relazionale.

Gli interventi educativi devono offrire all'adolescente una nuova visione dell'esistenza.

Tali interventi sono, per l'adolescente, un'occasione imperdibile di informazione e riflessione che gli consente di comprendere il bisogno di ribellione che gli ruggisce dentro, per imparare ad attuare comportamenti positivi, sostituendo sin dove è possibile, la pulsione a comportamenti rischiosi e distruttivi.

L'adolescente deve comprendere il valore profondo della propria esistenza, delle infinite potenzialità che un fisico sano, una mente lucida e un'affettività rivolta liberamente verso l'altro, possono offrire.

Ogni ragazzo porta dentro di sé qualità preziose che vanno aiutate a fiorire. In particolare è necessario che ogni genitore, insegnante, educatore, indichi all'adolescente come sviluppare le proprie attitudini cognitive, emotive, sociali e relazionali, attraverso la comprensione di determinate abilità indispensabili per la propria esistenza:

- L'empatia

- La comunicazione efficace

- Il pensiero critico

- La capacità di gestire le emozioni

- La capacità di gestire le situazioni stressanti

L'insieme di queste abilità, rendono l'essere umano capace di affrontare le sfide evolutive vincendole, così da migliorare noi stessi e il mondo in cui viviamo, costruendo, giorno per giorno, generazione dopo generazione, un mondo nuovo.

Diversamente i genitori che mirano a proteggere eccessivamente i propri figli sono in parte responsabili della loro fragilità e incapacità di vivere pienamente e liberamente la propria esistenza.

Conclusione

Immanuel Kant rispondendo alla domanda: **Che cos'è l'Illuminismo?** (1784) afferma:

"L'illuminismo è l'uscita dell'uomo dallo stato di minorità che egli deve imputare a sé stesso.
Minorità è l'incapacità di avvalersi del proprio intelletto senza la guida di un altro. Abbi il coraggio di servirti della tua propria intelligenza!"

Secondo questa definizione, ogni uomo deve comprendere il valore del pensiero critico e autonomo.

Ognuno di noi viene esortato esplicitamente a formarsi un'opinione personale, competente, indipendente, rispetto a tutto ciò che ci accade e che accade intorno a noi.

In fondo è questo che ogni genitore, educatore, insegnante e formatore deve fare se vuole infondere nel cuore dei propri figli e dei discenti: sicurezza, autonomia e libertà.

Come adulto di riferimento: genitore, familiare, educatore, insegnante, sei preoccupato per la sicurezza dei tuoi figli e dei minori che ti vengono affidati?

Vuoi parlare con loro di come orientarsi negli ambienti che frequentano quotidianamente ma non sai come iniziare?

Vuoi che comprendano come riconoscere i pericoli senza spaventarli?

Se hai trovato utile questo scritto sull'educazione del minore non ti fermare qui. Ci sono ancora molte cose che puoi sapere, esigenze che sono tue e solo tue poiché, come mi ha insegnato l'esperienza, ogni realtà è a sé.

Per contattarmi puoi mandarmi una mail a salomonidonata@gmail.com e consultare il mio sito online www.donatasalomoni.it
Rispondo personalmente ad ogni mail e contatto, insieme possiamo decidere cosa è meglio per te.

Pagina autore

Ciao, mi presento sono Donata e voglio condividere con te le mie competenze così puoi valutare se ti posso essere utile.

Sono onorata che tu abbia scelto di leggere questo mio lavoro e di poterti conoscere anche solo virtualmente.

Il grande amore della mia vita è la filosofia, una disciplina viva e vitale, in continua trasformazione, in cui mi sono laureata nel 1991 e sempre guidata dall'amore per la ricerca nel 2003 ho frequentato un corso biennale in Psicologia giuridica e Criminologia clinica. Nel 2017 ho ampliato il mio percorso formativo diventando operatore nel colloquio motivazionale.

Ho il privilegio di insegnare filosofia, storia e scienze umane. L'esistenza mi ha insegnato a vivere con passione e l'insegnamento, il rapporto quotidiano con 'i miei ragazzi' come amo chiamarli, sono una costante fonte di ispirazione e insieme condividiamo esperienze cognitive ed esistenziali.

Inoltre mi sono occupata di vari progetti nel mondo della prosocialità, in particolare ho collaborato al Progetto Socrate dedicato al sostegno familiare dei padri in stato detentivo presso l'istituto penitenziario di Cremona.

Infine voglio condividere con te le mie esperienze nel mondo della ricerca interiore in quanto sannyasin di Osho, master Reiki e operatore Theta Healing.

Offro servizi di consulenza e prodotti informativi in diversi ambiti:

1. **Educativo**. Orientamento scolastico e approfondimento di specifiche tematiche riguardanti le scienze umane: filosofia, storia, psicologia, pedagogia, antropologia e sociologia.
2. **Sostegno familiare** per famiglie in difficoltà con minori.
3. **Criminologico**. Perizie e consulenze di parte.

La passione per lo studio, la riflessione e la scrittura, mi ha portato sin qui e oggi più che mai voglio creare uno spazio di condivisione con chi vuole cambiare se stesso per trasformare il mondo intorno a sé.

www.ingramcontent.com/pod-product-compliance
Lightning Source LLC
Chambersburg PA
CBHW051404250726

48656CB00006B/2264